Fiche **notion**

Par Natacha Cerf

La société

lePetitPhilosophe.fr

Associez chaque citation à l'explication qui lui correspond.

Choisissez un sujet bac et construisez le plan de votre dissertation en y associant, si possible, certaines des citations et des explications reprises ci-dessus.

INTRODUCTION

Le terme de « société » ne semble pas aller de soi puisqu'il n'existait pas dans l'Antiquité. Pourtant, personne n'échappe à la dimension sociale de son existence. Ainsi, **la société est à la fois ce fait dont on fait obligatoirement l'épreuve, et cette réalité qui nous échappe parce qu'elle varie dans le temps et dans l'espace.**

La société répond aujourd'hui à plusieurs définitions. De manière générale, il s'agit d'un groupement organisé d'êtres humains fondé sur des relations d'interdépendance. Mais elle peut également être identifiée à tout groupe social formé de personnes qui se réunissent autour d'une activité ou d'intérêts communs (associations diverses, entreprises, etc.), à un espace géographique (société japonaise, allemande, etc.) ou à une division dans le temps (société féodale, industrielle, etc.). En outre, on peut l'appréhender de manière critique (société individualiste, de consommation, etc.). Dès lors, **il existe non pas *une*, mais des sociétés**.

Les sociétés humaines ont pour spécificité d'être dynamiques et évolutives, ce que l'on a pu constater au travers des nombreuses révolutions qui les ont agitées. Les liens sociaux entre les individus sont régis par **un ensemble d'institutions** (les écoles, les administrations, les lois, etc.) véhiculant **des valeurs éthiques et politiques** propres à ladite société et qui évoluent.

En somme, la société relève avant tout de la politique, mais son organisation peut également être pensée en fonction des structures économiques qui la régissent. Il existe néanmoins une science qui prend pour objet spécifique la société : **la sociologie**, fondée à la fin du XIXe siècle dans le but de l'étudier en tant que réalité particulière irréductible aux autres sciences.

Niveaux de lecture :

*** : incontournable

** : à ne pas négliger

* : pour approfondir

APPROCHES DE LA NOTION

LA SOCIÉTÉ, UNE DISPOSITION NATURELLE DE L'HOMME

La société, une communauté des besoins ***

Dans la philosophie antique, l'homme est considéré comme social par essence. La société est donc un fait naturel. On s'interroge alors davantage sur l'organisation de la société que sur la question de ses origines.

Selon **Platon** (427-347 av. J.-C.), la cité est née de la faiblesse de l'homme, plus précisément de sa nécessité de satisfaire ses besoins vitaux. En effet, l'individu, ne pouvant se suffire à lui-même pour répondre à ses besoins primordiaux, a été obligé de s'associer avec d'autres hommes : le besoin de se nourrir nécessite un cultivateur, le besoin d'un abri où vivre nécessite un maçon, le besoin de se vêtir nécessite un tisserand, etc. (citation 1).

La société est donc d'abord une communauté des besoins où les échanges sont nécessaires : **si les hommes vivent ensemble, c'est parce qu'ils ont fondamentalement besoin les uns des autres**. Dès lors, ce qui prévaut initialement entre les hommes n'est pas la concurrence, mais la coopération ou la complémentarité.

Ainsi, **chaque individu exécute la tâche pour laquelle il a le plus d'aptitudes naturelles**. Cette spécialisation de chacun présente plusieurs avantages :

- elle engendre une qualité du travail et une productivité nettement supérieures que si chacun produisait uniquement pour lui-même ;
- elle confère à chaque individu une identité sociale et l'acquitte de sa dette envers la société qui subvient à ses besoins.

Pour éviter que la cité des besoins ne devienne une cité des désirs – dans laquelle les hommes, au lieu de se contenter des échanges répondant à leur subsistance, se perdent dans le luxe et la démesure –, il s'agit d'instaurer la justice dans la cité, ce qui requiert un législateur et un réformateur politique. Pour Platon, la cité juste n'est possible que si ce sont les philosophes qui gouvernent. En effet, ces derniers sont par nature désintéressés par le pouvoir qui ne peut donc les corrompre.

La société, un lieu d'épanouissement ***

Tout comme Platon, **Aristote** (384-322 av. J.-C.) pense que l'homme est naturellement social, mais non en raison de sa faiblesse. Dans *Les Politiques*, il envisage **l'homme comme un « animal politique »**, dans le sens où **ce n'est qu'au sein de la cité qu'il a la possibilité de développer ses facultés proprement humaines** (raison, jugement, moralité, etc.). Par conséquent, seule la société peut permettre aux hommes de se révéler pleinement. Toute société est alors un fait de nature (citation 2).

Cependant, le philosophe distingue l'ordre social de l'ordre politique. Les deux ordres n'entrent pas en contradiction, mais du premier au second, il y a un progrès naturel. La cité constitue à la fois la finalité et le terme de cette progression. Ainsi, **la société**, définie comme le rassemblement des hommes au sein d'une communauté politique réglée par des lois, **se constitue selon une logique naturelle** :

- la cellule familiale se met en place dans un but de conservation de l'espèce ;
- les familles se regroupent entre elles pour former des villages qui constituent alors l'union de plusieurs foyers ;
- ces villages se rassemblent pour donner naissance à la cité, c'est-à-dire le centre administratif commun aux différentes bourgades.

D'après Aristote, les hommes se rassemblent naturellement pour le bonheur d'être ensemble. La société prend donc sa source dans l'amitié.

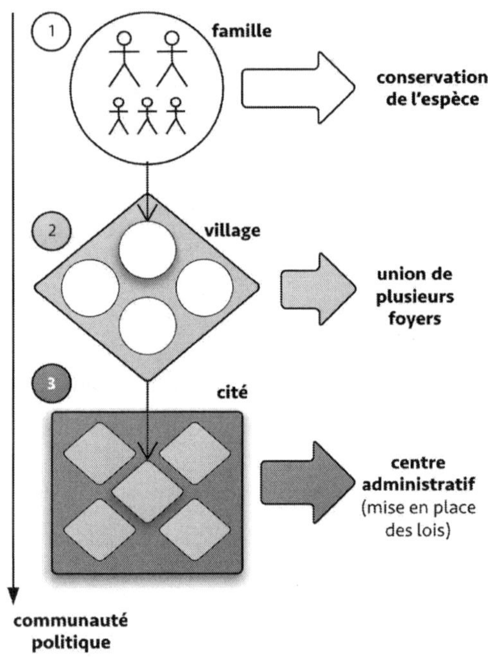

LA SOCIÉTÉ, UNE NÉCESSITÉ EXTÉRIEURE À L'HOMME

L'état de nature, un état de guerre ***

Pour la philosophie moderne, la société devient un objet de réflexion à part entière dans la mesure où elle n'est plus appréhendée comme si elle était naturelle, mais comme le fruit de l'association volontaire et consciente des hommes. Dès lors, beaucoup s'interrogent sur ce qui motive l'instauration des sociétés, qui se confondent alors avec la notion d'État.

Contrairement à Aristote, **Thomas Hobbes** (1588-1679) pense que **l'homme nait sans disposition naturelle à vivre en société** : il précède la société.

Le philosophe émet l'hypothèse d'un état de nature caractérisé par l'individualité et la violence : les hommes, mus par leurs intérêts égoïstes qui s'opposent aux intérêts d'autrui, cherchent sans cesse à affirmer leur pouvoir. Par conséquent, l'unique règle est la loi du plus fort, ce qui engendre un état de guerre permanent : le risque d'être tué est constant, la misère et la peur sont omniprésentes. C'est en ce sens que Hobbes affirme que l'homme est un loup pour l'homme (citation 3).

BON À SAVOIR :

L'**état de nature** est une hypothèse philosophique qui consiste à imaginer l'homme avant qu'il ne vive en société et avant qu'il ne partage des lois avec autrui.

Pour éviter l'autodestruction de l'espèce humaine, les hommes ont alors été obligés d'instaurer des règles de vie en société. Pour ce faire, **ils ont conclu un pacte, le contrat social, qui a mené à la création de l'État**. Celui-ci constitue dès lors **la condition nécessaire de possibilité de vie en société**.

L'État est conçu comme un pouvoir souverain auquel les individus lèguent une part de leur liberté par le biais du contrat social : il s'agit d'un artifice institué et désiré par les individus en vue d'assurer l'ordre, la sécurité, la paix et l'égalité de tous. Ainsi, le contrat procède d'une décision consciente et volontaire des hommes, qui décident de vivre ensemble selon des règles communes, et non plus en fonction des passions de chacun.

Plus précisément, comme l'explique Hobbes dans *Le Léviathan* (1651), l'État, pour être efficace, doit prendre la forme d'un pouvoir absolu concentré entre les mains d'une seule personne (le souverain) ou d'un groupe de personnes qui agit comme bon lui semble. Cet État est surnommé le Léviathan (en référence au monstre marin mentionné dans la Bible).

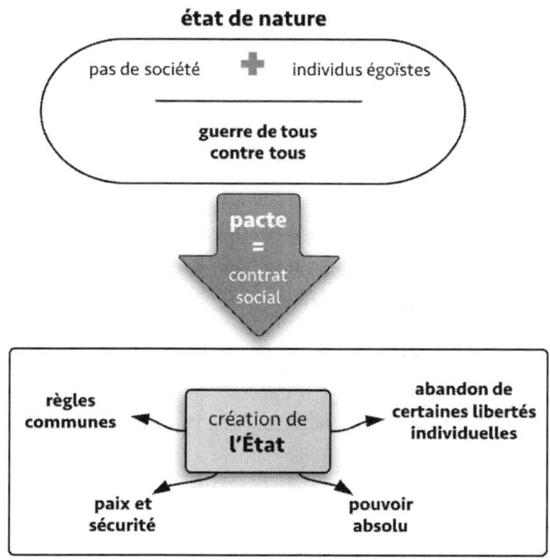

L'état de nature, un état imparfait **

L'état de nature évoqué par **John Locke** (1632-1704) est différent de celui de Hobbes dans la mesure où il n'est pas sans droit ni morale. En effet, le philosophe anglais estime qu'**il existe des lois inscrites dans la nature même de l'être humain**. Ces lois naturelles humaines sont comparables à des règles de droit ou de morale : elles imposent des obligations et des interdits qui peuvent être suivis ou non, car elles dépendent de la liberté de chacun. L'individu n'aurait donc pas besoin d'instances supérieures ou transcendantes pour être droit, moral et vertueux. La liberté d'action, la légitime défense, la propriété, l'égalité, etc., sont des exemples de ce droit naturel.

Néanmoins, **la nature humaine est imparfaite,** car elle est faible et parfois animée de tendances égoïstes ou d'avidités au pouvoir. La loi naturelle n'est donc pas toujours respectée. **L'État est alors nécessaire** en vue de combler les lacunes de la nature et de garantir le respect des droits de chacun. En effet, il est le seul à pouvoir véritablement mettre fin aux injustices, aux inégalités et aux conflits (citation 4).

Ainsi, selon Locke, l'état de nature, étant donné qu'il comprend des lois, n'est pas le terrain d'une guerre perpétuelle, et l'humanité naturelle n'implique pas l'absence de toute sociabilité, mais une sociabilité défectueuse.

À la différence de Hobbes, Locke est partisan d'un État libéral dont le pouvoir ne peut excéder le domaine public, et où les hommes ont des libertés et des droits inaliénables. Dans ce cadre, l'être humain se révèle plus libre et plus heureux avec les lois que dans l'état de nature.

L'état de nature, un état de paix **

L'état de nature, chez **Jean-Jacques Rousseau** (1712-1778), est un état dans lequel l'homme n'a aucun rapport avec ses congénères, où il vit dans la solitude absolue, tout en étant animé d'un sentiment naturel de sympathie vis-à-vis d'autrui : autrement dit, **l'homme est bon par nature**.

Comme le philosophe l'explique dans son *Discours sur l'ori-*

gine et les fondements de l'inégalité parmi les hommes (1755), **c'est la société qui pervertit l'individu par l'instauration de la propriété privée**. Elle fait des hommes des êtres dominés par leur volonté de pouvoir, leur désir de paraitre et de posséder, ce qui engendre des inégalités et des guerres.

Rousseau se distingue donc à la fois :

- de Hobbes, puisque ce dernier pense que l'homme est naturellement mauvais,
- et de Locke, dans la mesure où celui-ci considère que l'homme antérieur à l'institution sociale peut vivre en communauté, car il observe une loi naturelle.

Il veut, pour sa part, **réinstituer les sociétés pour retrouver l'harmonie et la bonté de l'état de nature**. Or ce n'est possible **que si l'État est gouverné par la volonté générale**, conçue comme la somme des volontés de tous les individus d'une nation ramenées à un intérêt commun. Chaque homme abandonne sa volonté particulière au profit de la volonté générale pour garantir les droits fondamentaux de tous (citation 5). C'est ainsi que Rousseau conçoit le contrat social, seule base légitime pour instituer la société, qui se confond ici encore avec l'État.

Dans ce cadre, toutes les lois émanent de la volonté générale. L'homme est donc à la fois :

- sujet des lois, puisqu'elles le concernent et qu'il doit s'y soumettre ;
- auteur des lois, puisqu'il a décidé librement et volontairement la mise en application politique du contrat social :

c'est donc l'individu lui-même qui est à l'origine de toutes lois.

Par conséquent, le contrat social garantit la liberté et l'égalité de tous les hommes dans le sens où ceux-ci ne sont soumis qu'à des lois qu'ils ont eux-mêmes désirées : ils n'en sont pas esclaves. Le gouvernant n'exerce pas un pouvoir arbitraire, mais veille à faire appliquer les lois émanant de la volonté générale. Ainsi, chacun obéit à tous, mais plus personne n'obéit à qui que ce soit.

LA SOCIÉTÉ ET L'ÉCONOMIE

Les échanges dans la société *

Si jusqu'ici, nous avons pensé l'organisation de la société à partir des axes proprement politiques, il est également possible de l'étudier à partir du jeu des intérêts économiques. L'économiste **Adam Smith** (1723-1790) pense d'ailleurs que **les échanges constituent la spécificité des sociétés humaines** par opposition aux sociétés animales. En effet, dans le monde animal, aucun échange ne se produit. C'est par conséquent la loi du plus du fort qui règne : seuls les animaux les plus forts pourront subvenir à leurs besoins au détriment des autres. Au contraire, l'engagement du monde humain dans la production et l'échange des biens rend autrui indispensable à la survie de chacun : il y a interdépendance économique.

La société libérale **

La différence entre la dimension politique et la dimension économique de la société est bien marquée dans la distinction radicale entre la société civile et l'État qu'opère **Georg Wilhelm Friedrich Hegel** (1770-1831) dans *Les Principes de la philosophie du droit* (1821).

Hegel définit **la société civile** comme **la sphère des besoins, des échanges et du travail**, comme l'espace où chacun poursuit librement ses intérêts personnels, conformément au libéralisme économique. L'entrée de l'individu dans la société civile correspond donc à son affirmation dans le monde : il appartient désormais à une réalité sociale où il occupe différents statuts (ouvrier, parent, membre d'une équipe de football, etc.). Cependant, sans contrôle de l'État, le libéralisme économique engendre de nombreuses oppositions causées par l'égoïsme individuel ainsi que des inégalités sociales croissantes : le libéralisme économique est à l'origine de crises économiques.

> ### BON À SAVOIR :
>
> Le **libéralisme** est une doctrine économique et politique qui vise à limiter les pouvoirs de l'État dans le but de privilégier les libertés individuelles (liberté de pensée, liberté d'entreprendre, libre-échange, libre choix de consommation, etc.).

Dès lors, selon Hegel, **l'État doit intervenir en vue d'arbitrer les conflits et constitue une unité supérieure à celle de la société**. Il est fondé sur l'intérêt collectif et sur un principe d'universalité. Il apparait alors comme l'instance supérieure qui permet à chaque individu de la société de se réaliser concrètement et non aux dépens de l'autre. Ainsi, l'État prime sur l'individu, car il est le seul à lui offrir la possibilité de s'élever vers le vrai et l'éthique. Grâce à lui, les hommes ont donc l'opportunité de dépasser leur subjectivité pour viser l'objectivité et l'universalité qui sont les seules sources de satisfaction véritable.

La société capitaliste **

Tout comme le libéralisme, le capitalisme est appliqué dans les sociétés occidentales. Il lui est donc souvent associé. Une des plus illustres critiques en la matière est celle de **Karl Marx** (1818-1883).

> ## <u>BON À SAVOIR :</u>
>
> Le **capitalisme** est un système économique et social se caractérisant par la propriété privée des moyens de production, la recherche systématique du profit, la libre concurrence des entreprises et, de manière générale, la suprématie de l'économie sur tout le reste.

Dans le système capitaliste, on distingue :

- d'un côté les forces et les moyens de production, c'est-à-dire les hommes, les matériaux et les machines, qui produisent les biens ;
- de l'autre, les patrons, c'est-à-dire les propriétaires des moyens de production (usines, machines, matériaux), qui tirent les profits de la vente des biens.

L'ouvrier n'est donc pas le propriétaire des moyens de production qu'il utilise : il vend sa force de travail contre un salaire sans aucun droit de regard sur les processus de production. Selon Marx, **la propriété privée des moyens de production engendre l'aliénation du travail** : le travailleur est aliéné lorsqu'il ne se retrouve pas dans son travail et dans ce qu'il produit, et lorsqu'il n'est qu'un maillon instrumental et interchangeable de la chaine de production. Selon Marx, l'essence de l'homme étant le travail, l'aliénation du travail rend l'homme étranger à lui-même et à son essence (citation 6).

Le régime capitaliste engendre l'enrichissement d'un petit nombre, les détenteurs de la force de production, et l'appauvrissement des prolétaires, qui constituent la force de travail. En effet, le salaire versé par les patrons aux ouvriers est nettement inférieur aux bénéfices qu'ils tirent de la vente du produit des travailleurs. Selon Marx, cette contradiction majeure du capitalisme ne peut que mener à sa destruction.

Le philosophe décrit l'histoire de l'humanité entière comme une lutte entre deux classes, les oppresseurs et les opprimés. Il s'agit donc là du moteur de l'histoire dont la fin est la lutte entre la bourgeoisie et le prolétariat au XIXe siècle, à savoir **la révolution communiste** qui **doit mener à une société sans classes, une société où personne n'exploite l'autre**.

La société, une réalité psychique ***

Certains penseurs ont considéré la société comme un concept doté de ses propres lois. Par conséquent, la philosophie, la politique ou l'économie ne peuvent suffire à la définir, et elle devient l'objet d'une science humaine à part entière : la sociologie, qui étudie les sociétés humaines et les faits sociaux de manière scientifique, c'est-à-dire comme des choses que l'on observe de l'extérieur.

Émile Durkheim (1858-1917), considéré comme le fondateur de la sociologie, définit **la société comme une réalité psychique à part entière produite par les interactions des individus les uns avec les autres**. Ainsi, elle désigne un ensemble d'idées, de croyances et de sentiments. Cependant, elle n'est pas à concevoir comme la somme de toutes les consciences individuelles, mais bien comme la fusion de ces consciences qui donne lieu à une réalité psychique particulière, irréductible aux parties qui la composent : la société est davantage que la somme de ses parties et dépasse l'existence de chacun de ses membres. Durkheim recourt parfois au terme de « conscience collective » pour décrire cette réalité psychique.

La réalité psychique propre à une société se révèle à travers le fait social véhiculé par les institutions. Le fait social est un système de normes établies pour et par la société. Il est donc extérieur à l'individu et s'impose à lui sans qu'il en ait forcément conscience. Ainsi, l'homme assimile et intériorise les règles sociales dès le début de son éducation.

C'est donc l'éducation qui fait de l'enfant un être social.

Si, dans l'enfance, les normes sociales ont un caractère contraignant, elles deviennent peu à peu des habitudes. Tel est le principe même de la socialisation. On retrouve néanmoins toujours ce caractère contraignant dans les différentes institutions sociales ; c'est d'ailleurs à celui-ci qu'on reconnait un fait social : le code juridique condamne le vol, certains emplois nécessitent le port d'uniformes spécifiques sous peine de renvoi, ou plus simplement ceux qui ne se conforment pas aux comportements sociaux véhiculés par la majorité sont moqués. En somme, chacun doit respecter des règles qui ne peuvent être remises en cause, sans forcément savoir pourquoi.

Le fait social a donc pour caractéristiques principales :

- **l'extériorité à la conscience de l'individu ;**
- **et le caractère coercitif.**

Les faits sociaux sont extérieurs aux consciences individuelles et exercent une contrainte sur elles qui provient de l'autorité morale de la société. Ainsi, la société, par l'intermédiaire des faits sociaux, influence la manière de penser et d'être d'un individu. Elle les amène à penser, à sentir, à connaitre ou à agir d'une certaine façon. Par conséquent, elle exerce une autorité morale sur les individus (citation 7).

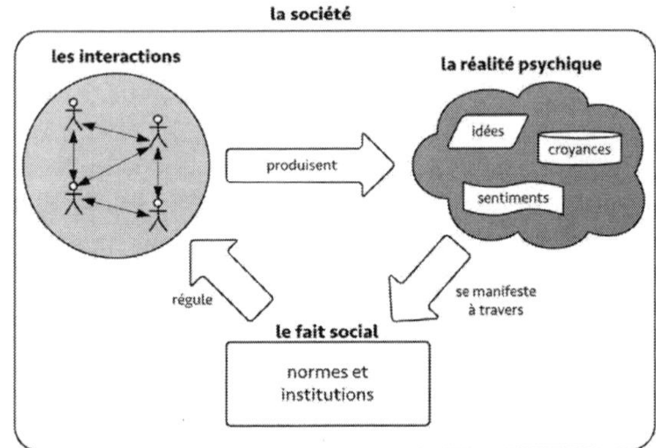

La société, une réalité structurelle **

L'anthropologue **Claude Lévi-Strauss** (1908-2009) étudie quant à lui les lois d'organisation des sociétés. Il affirme que chaque société repose sur des échanges dont les enjeux sont multiples. En effet, il ne s'agit pas seulement de choses ou de services puisque l'économie, la parenté ou le langage constituent également des niveaux d'échange et de communication.

BON À SAVOIR :

L'**anthropologie** est une branche des sciences humaines qui étudie l'homme en général et les groupes humains. À ce titre, elle est considérée comme un partenaire de la sociologie.

Il envisage la naissance des premières sociétés dans **l'interdit de l'inceste**, qui est à la fois :

- **un fait universel**, caractéristique de toutes les sociétés humaines,
- **et un fait culturel,** car, d'une société à l'autre, ses règles varient.

La prohibition du mariage entre proches parents a été établie en vue d'instituer l'échange des femmes par les chefs de clans familiaux. De ces alliances entre clans, sorties du cadre des liens naturels, consanguins et filiaux, est né le lien social. C'est alors que la société a été rendue possible. Dans ce cadre, la famille ne peut plus exister si la société n'existe pas avant elle. L'interdit de l'inceste est donc à concevoir comme **le passage de la condition animale à la condition humaine, de la nature à la culture** pour tout homme et tout groupe d'êtres humains (citation 8).

Les transactions de femmes entre les clans familiaux sont ainsi au fondement d'ensembles sociaux plus vastes que la famille. Telle est la société tribale définie comme une union de plusieurs clans familiaux. Cependant, on peut étendre ce type d'échange humain à nos sociétés puisque, confronté à ses propres limites, chaque individu a toujours besoin du savoir-faire des autres. Ainsi, les échanges sont capitaux dans toute société.

EN RÉSUMÉ

Dans la philosophie antique, la société est une chose naturelle. Ainsi, selon **Platon**, les hommes vivent ensemble, car ils dépendent fondamentalement les uns des autres pour satisfaire leurs besoins vitaux. **Aristote** considère quant à lui que ce n'est qu'au sein de la société que l'homme a la possibilité de réaliser ses facultés proprement humaines.

La philosophie moderne remet en question le caractère naturel de la société. **Hobbes** conçoit la société comme l'instauration d'un pacte social conclu afin d'échapper à l'état de nature, où règne une violence perpétuelle. Quant à **Rousseau**, il considère que l'homme est naturellement bon : c'est la société qui le pervertit. Il y a donc lieu de la réinstituer via le contrat social.

L'organisation sociale peut également être pensée à partir du jeu des intérêts économiques. C'est pourquoi **Hegel** distingue d'un côté la société civile, sphère des échanges, du travail et des besoins, et de l'autre, l'État, qui est au contraire tourné vers les intérêts collectifs et qui suit un principe d'universalité. Ainsi, l'État est une unité supérieure à celle de la société.

Marx procède à la critique de la société capitaliste, responsable de l'aliénation du travailleur et source profonde d'inégalités. Dès lors, la révolution communiste doit mener à une société sans classes.

Jugeant politique et économie insuffisantes à l'analyse de la société, **Durkheim** fonde la sociologie. Selon lui, la société est une réalité psychique à part entière qui se révèle à travers le fait social. Quant à l'anthropologue **Lévi-Strauss**, il considère l'interdit de l'inceste comme étant à l'origine des sociétés.

POUR ALLER PLUS LOIN

- ARISTOTE, *Les Politiques*, traduction de Pierre Pellegrin, Paris, GF-Flammarion, 1999.
- BERGSON (Henri), *Les Deux Sources de la morale et de la religion*, Paris, GF-Flammarion, 2012.
- CLASTRES (Pierre), *La Société contre l'État. Recherches d'anthropologie politique*, Paris, Éditions de Minuit, 1974.
- DURKHEIM (Émile), *De la division du travail social*, Paris, PUF, 2007.
- HEGEL (Georg Wilhelm Friedrich), *Les Principes de la philosophie du droit*, traduction de Jean-Louis Vieillard-Baron, Paris, GF-Flammarion, 1999.
- HOBBES (Thomas), *Du Citoyen*, traduction de Philippe Crignon, Paris, GF-Flammarion, 1982.
- KANT (Emmanuel), *Idée d'une histoire universelle au point de vue cosmopolitique*, traduction de Noëlla Baraquin et de Jacqueline Laffitte, Paris, Nathan, 2009.
- LALANDE (André), *Vocabulaire technique et critique de la philosophie*, Paris, PUF, 2010.
- LÉVI-STRAUSS (Claude), *Anthropologie structurale*, Paris, Plon, 1973.
- LÉVI-STRAUSS (Claude), *Les Structures élémentaires de la parenté*, Paris, PUF, 1949.
- LOCKE (John), *Le Second Traité du gouvernement civil*, traduction de Jean-Fabien Spitz et de Christian Lazzeri, Paris, PUF, 1994.
- MARX (Karl), *Introduction à la critique de l'économie politique*, Paris, L'Altiplano, 2008.
- MARX (Karl), *Le Manifeste du parti communiste*, Paris,

GF-Flammarion, 1999.

- PLATON, *La République*, traduction de Robert Baccou, Paris, GF-Flammarion, 1966.
- POPPER (Karl Raimund), *La Société ouverte et ses Ennemis*, tomes 1 et 2, traduction de Jacqueline Bernard et de Philippe Monod, Paris, Seuil, 1979.
- ROUSSEAU (Jean-Jacques), *Discours sur l'origine et les fondements de l'inégalité parmi les hommes*, Paris, GF-Flammarion, 2012.
- ROUSSEAU (Jean-Jacques), *Du contrat social*, Paris, GF-Flammarion, 2012.
- ROUSSEAU (Jean-Jacques), *Émile ou De l'éducation*, Paris, GF-Flammarion, 2009.
- SMITH (Adam), *La Richesse des nations*, tomes 1 et 2, traduction de Daniel Diatkine, Paris, GF-Flammarion, 1999.

TESTEZ VOS CONNAISSANCES !

ASSOCIEZ CHAQUE CITATION À L'EXPLICA-TION QUI LUI CORRESPOND.

- **Citation 1 :** « Ce qui donne naissance à une cité, repris-je, c'est, je crois, l'impuissance où se trouve chaque individu de se suffire à lui-même, et le besoin qu'il éprouve d'une foule de choses. » (PLATON, *La République*, Paris, GF-Flammarion, 1966, p. 117)
- **Citation 2 :** « La cité fait partie des choses naturelles, et [...] l'homme est par nature un animal politique [...]. » (ARISTOTE, *Les Politiques*, Paris, GF-Flammarion, 1999)
- **Citation 3 :** « [...] l'état naturel des hommes, avant qu'ils eussent formé des sociétés, était une guerre perpé-tuelle [...] de tous contre tous. » (HOBBES [Thomas], *Du Citoyen*, Paris, GF-Flammarion, 1982)
- **Citation 4 :** « [...] la fin essentielle que poursuivent les hommes qui s'unissent pour former une république, et qui se soumettent à un gouvernement, c'est la préser-vation de leur propriété. Or, bien des choses manquent dans l'état de nature pour atteindre cette fin. » (LOCKE [John], *Le Second Traité du gouvernement civil*, Paris, PUF, 1994, p. 90)
- **Citation 5 :** « Chacun de nous met en commun sa per-sonne et toute sa puissance sous la suprême direction de la volonté générale ; et nous recevons en corps chaque membre comme partie indivisible du tout. » (ROUSSEAU [Jean-Jacques], *Du contrat social*, Paris, GF-Flammarion, 2012, livre 1, chapitre 6)
- **Citation 6 :** « Une conséquence immédiate du fait

que l'homme est rendu étranger au produit de son travail, à son activité vitale, à son être générique, est celle-ci : l'homme est rendu étranger à l'homme. » (MARX [Karl], *Le Manifeste du parti communiste*, Paris, GF-Flammarion, 1999)

- **Citation 7 :** « [...] les sociétés humaines présentent un phénomène nouveau, d'une nature spéciale, qui consiste en ce que certaines manières d'agir sont imposées ou du moins proposées du dehors à l'individu et se rajoutent à sa nature propre : tel est le caractère des institutions au sens large du mot. » (DURKHEIM [Émile], « Société », in LALANDE [André], *Vocabulaire technique et critique de la philosophie*, Paris, PUF, 2010)
- **Citation 8 :** « En projetant [...] les sœurs et les filles en dehors du groupe consanguin et en leur assignant des époux provenant eux-mêmes d'autres groupes, elles nouent entre groupes naturels des liens d'alliance, les premiers que l'on puisse qualifier de sociaux. La prohibition de l'inceste fonde ainsi la société humaine [...]. » (LÉVI-STRAUSS [Claude], *Anthropologie structurale*, Paris, Plon, 1973, tome 2, p. 29)
- **Explication a :** l'homme est social par essence, car il est un animal politique : il ne peut exercer ses facultés humaines qu'au sein d'une cité.
- **Explication b :** pour instituer légitimement la société, il faut que l'État soit gouverné par la volonté générale : chaque homme abandonne sa volonté particulière au profit de la volonté générale pour garantir les droits fondamentaux de tous.
- **Explication c :** l'insociable sociabilité désigne le penchant des hommes à entrer en société tout en ressentant une

répulsion à le faire.

- **Explication d :** la société est née de l'interdépendance des hommes entre eux. En effet, l'homme ne peut se suffire à lui-même et est donc fondamentalement tributaire du savoir-faire des autres pour subvenir à ses besoins fondamentaux.
- **Explication e :** l'interdit de l'inceste a rendu possible les alliances entre clans familiaux hors liens consanguins et est donc à l'origine des sociétés.
- **Explication f :** les institutions véhiculent des normes sociales qui sont extérieures aux consciences individuelles et exercent une contrainte sur elles qui provient de l'autorité morale de la société. Dès lors, elles influencent les individus de l'extérieur.
- **Explication g :** la société est conflictuelle à cause de l'interdépendance des égoïsmes individuels qui y règne et nécessite donc une unité supérieure pour régler ses oppositions : l'État.
- **Explication h :** l'homme est un être d'action et de travail. Dès lors, si l'homme est aliéné, c'est-à-dire s'il ne se retrouve pas dans les produits de son travail, il devient étranger à lui-même et à son essence.
- **Explication i :** la spécificité des sociétés humaines est d'être évolutives : elles s'adaptent en fonction des habitudes sociales qui peuvent changer.
- **Explication j :** l'homme, à l'état de nature, suit des lois naturelles, mais celles-ci ne suffisent pas pour préserver, notamment, la propriété privée.
- **Explication k :** l'État avant l'organisation sociale se caractérise par la violence perpétuelle, car les passions humaines telles que l'avidité au pouvoir gouvernent les

hommes et les mènent au conflit.

CHOISISSEZ UN SUJET BAC ET CONSTRUISEZ LE PLAN DE VOTRE DISSERTATION EN Y ASSOCIANT, SI POSSIBLE, CERTAINES DES CITATIONS ET DES EXPLICATIONS REPRISES CI-DESSUS.

- Que gagne-t-on à échanger ? (bac ES 2009)
- Que gagnons-nous à travailler ? (bac ES 2007)
- Les échanges favorisent-ils la paix ? (bac T 2007)
- Donner pour recevoir, est-ce le principe de tout échange ? (bac ES 2001)
- La violence est-elle une conséquence inéluctable de la vie en société ?
- Quels sont les intérêts que tire l'homme de la vie en société ?
- À quoi l'homme renonce-t-il pour vivre en société ?
- La sociologie est-elle une science ?
- Le capitalisme est-il voué à l'autodestruction ?
- Les échanges fondent-ils le lien social ?

Rendez-vous sur lepetitphilosophe.fr et découvrez :

Plus de 1200 analyses
Claires et synthétiques
Téléchargeables en 30 secondes
À imprimer chez soi

www.lepetitphilosophe.fr

ISBN version numérique : 978-2-8062-4456-7
ISBN version papier : 978-2-8062-4434-5
Dépôt légal : D/2017/12603/557

Schémas réalisés par Alberto Molina Pérez,
doctorant en philosophie des sciences
(Université Paris I-Panthéon-Sorbonne)

Conception numérique : Primento,
le partenaire numérique des éditeurs.

Made in the USA
Monee, IL
07 July 2026